3 Avril 1882

VENTE

Des Lundi 3 et Mardi 4 Avril 1882, à 2 heures.

HOTEL DROUOT, SALLE N° 3

Belle Collection

ANCIENNES PORCELAINES

DE

CHINE ET DU JAPON

OBJETS D'ART

ARGENTERIE

Belles Tapisseries

ETOFFES

ARRIVANT DE L'ÉTRANGER

COMMISSAIRE-PRISEUR	EXPERT
Mᵉ E. BERTHELIN	M. A. BLOCHE
rue Le Peletier, 29.	rue Laffitte, 44.

EXPOSITION PUBLIQUE

Le Dimanche 2 Avril 1882, de 1 heure 1/2 à 5 heures

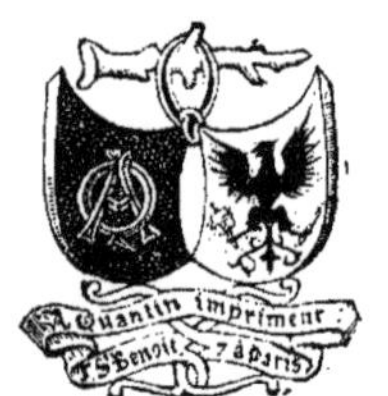
A. Quantin imprimeur
r. S. Benoit 7 à Paris

CONDITIONS DE LA VENTE

Elle sera faite au comptant.

Les acquéreurs payeront 5 pour 100 en sus des adjudications, applicables aux frais.

L'Exposition mettant les acquéreurs à même de se rendre compte de l'état et de la nature des objets, il ne sera admis aucune réclamation, une fois l'adjudication prononcée.

CATALOGUE
d'une Jolie Collection

DE

PORCELAINES ANCIENNES

DE

CHINE ET DU JAPON

Garnitures de 4 et 5 pièces, suite de beaux plats

Spécimens précieux de la famille verte et de la famille rose

PIÈCES DE FORMES. — SERVICES IMPORTANTS

OBJETS D'ART

ARGENTERIE — BIJOUX

Belles Tapisseries

ÉTOFFES

ARRIVANT DE L'ÉTRANGER

DONT LA VENTE AURA LIEU

HOTEL DROUOT, SALLE N° 3

Les Lundi 3 et Mardi 4 Avril 1882

A DEUX HEURES

COMMISSAIRE-PRISEUR	EXPERT
Me E. BERTHELIN	M. A. BLOCHE
29, rue Le Peletier	44, rue Laffitte.

EXPOSITION PUBLIQUE

Le Dimanche 2 Avril 1882, de 1 heure 1/2 à 5 heures

DÉSIGNATION

PORCELAINES DE CHINE

1. — Paire de très belles Potiches avec couvercles en ancienne porcelaine de Chine à riche décor : lambrequins, oiseaux, chimères, rosaces et fleurs, en polychrome rehaussé d'or.

2. — Deux Potiches en ancienne porcelaine de Chine, décor mandarins.

3. — Deux Potiches en ancienne porcelaine de Chine, décor à fleurs.

4. — Très belle Garniture de cinq pièces en ancienne porcelaine de Chine, fond rouge avec fleurs et branchages réservés en blanc, médaillons à fleurs et feuillages de la famille verte. Qualité rare.

5. — Deux jolis Vases avec couvercles en ancienne porcelaine de Chine, décorés de médaillons à personnages dans des paysages, fond dit mosaïque clatrée en rose et traits noirs semé de fleurs en bleu, avec encadrements rocaille rehaussés d'or.

6. — Deux jolies petites Potiches avec couvercles en ancienne porcelaine de Chine, famille rose, décors à oiseaux et fleurs.

7. — Beau Cornet en ancienne porcelaine de Chine, fond jaune impérial, riche décor : oiseaux, fleurs et lambrequins en polychrome. Spécimen intéressant.

8. — Deux Cornets en vieux chine, décor à fleurs.

9. — Deux Cornets en vieux chine, décor oiseaux et fleurs.

10. — Deux belles Potiches avec couvercles en ancienne porcelaine de Chine, famille verte, décorées de scènes familières.

11. — Petite Garniture de quatre pièces en ancienne porce laine de Chine famille rose, décor à fleurs et lambrequins.

12. — Gros Sucrier en ancienne porcelaine de Chine, décoré de jardins et de pivoines.

13. — Sucrier analogue, moins grand.

14. — Écuelle en ancienne porcelaine de Chine, famille rose, décorée de fleurs, de vases et de kakémonos.

15. — Deux Cassolettes en ancienne porcelaine de Chine, avec leurs couvercles, décorées de fleurs et de branchages en bleu sur blanc.

16-17. — Deux très beaux Plats en ancienne porcelaine de Chine de la famille verte, décorés au centre de jardinières, sur les bords de médaillons à chimères et objets d'ameublement.

18. — Beau Plat en vieux chine de la famille verte, décor à rosaces et carrelages.

19-20. — Deux Plats en vieux chine de la famille verte, décorés au centre d'un médaillon à oiseaux et fleurs, à marli carrelages.

21. — Beau Plat en vieux chine de la famille verte, décor à fleurs et insectes.

22. — Jolie Assiette en vieux chine de la famille verte, rehaussée d'or, décor oiseaux et fleurs.

23-24. — Deux grands Plats en vieux chine, décorés de groupes d'oiseaux et de pivoines.

25. — Joli Plat en vieux chine de la famille verte, décoré de quatre compartiments à fleurs, bordure à carrelages.

26-27. — Deux grands et beaux Plats, en vieux chine, de la famille rose, décor à fleurs et lambrequins.

28. — Autre Plat analogue, moins grand.

29. — Deux Plats à bords festonnés, en vieux chine, famille rose, décor à fleurs.

30. — Grand Plat en vieux chine, rehaussé d'or, décoré au centre d'une jardinière, sur le bord de fleurs et de kakémonos.

31. — Cinq grands et beaux Plats en vieux chine de la famille rose, décorés de volatiles et de fleurs, bordure à carrelages fond rose et médaillons en réserve.

Sera divisé.

32. — Huit Plats analogues de différentes grandeurs.

Sera divisé.

33. — Deux Plats en vieux chine, à riche décor de fleurs et de rosaces.

34. — Plat en vieux chine, famille rose, décor à fleurs et rosaces.

35. — Deux beaux Compotiers en vieux chine, décorés de fleurs et de médaillons à rehauts d'or.

36. — Joli Compotier en vieux chine de la famille verte, rehaussé d'un décor à pivoines et feuillages.

37. — Deux jolis Compotiers en vieux chine, famille rose, décorés de volatiles, de fleurs et d'objets d'ameublement.

38. — Compotier en vieux chine, décoré de jardinières et de fleurs.

39. — Beau Compotier en vieux chine, famille verte, à rehauts d'or, riche décor de fleurs et de feuillages.

40. — Cinq Assiettes vieux chine, famille rose, décor varié.

41. — Trois belles Assiettes en vieux chine, famille rose, décorées au centre de canards et de cygnes, sur les bords de mandarins dans les flots de la mer.

42. — Deux Assiettes vieux chine, famille rose, décor à fleurs.

43. — Quatre jolies Assiettes en vieux chine, décor à fleurs rehaussées d'or.

44. — Cinq jolies Assiettes en vieux chine, décor rehaussé d'or représentant au centre des jardinières, sur les bords des carquois, des fleurs et des kakémonos.

45. — Onze Assiettes en vieux chine, famille rose, décor à fleurs.

46. — Trois jolies Assiettes en vieux chine, décor à mandarins, bordure à fleurs rehaussées d'or.

47. — Trois jolies Assiettes, même décor, bordure à médaillons.

48. — Neuf Assiettes décorées au centre de vases et de fleurs fond noir à rehauts d'or, et sur le bord de fleurs et de branchages en polychrome.

49. — Cinq petites Assiettes en vieux chine, famille rose, décor à fleurs.

50. — Cinq petites Assiettes en vieux chine, famille verte, décor médaillons à figures et fleurs.

51. — Joli Bol avec Assiette en vieux chine fond bleu fouetté, orné de fleurs à rehauts d'or.

52. — Cinq beaux Bols de différentes grandeurs, décors variés.

Sera divisé.

53. — Compotier en vieux chine, décor au dragon en réserve sur fond bleu.

54. — Très beau Service en ancienne porcelaine de Chine, décoré de paysages et d'oiseaux, bordure à fleurs, composé de : 21 Assiettes creuses, 48 Assiettes plates, 8 Compotiers, 14 Plats de différentes dimensions, 4 Saucières, 2 Salières, 4 Beurriers et 1 Soupière avec son plateau.

Pourra être divisé.

55. — Très important Service en ancienne porcelaine de l'Inde à riche décor composé de 192 pièces.

Sera divisé en deux parties.

56. — 12 belles Assiettes en ancienne porcelaine de Chine, décorées de jardinières et de fleurs, avec bordure partie violette, partie rouge, semée de fleurs en polychrome à rehauts d'or.

57. — Quatre beaux Plats, décor analogue, de différentes dimensions.

Sera divisé.

58. — Six Assiettes en vieux chine, fond bleu lapis avec fleurs à rehauts d'or.

59. — Deux Compotiers en vieux chine, famille verte, décor fleurs et insectes.

60. — Bol en vieux chine décor, médaillons à personnages.

61. — Joli Service à thé en vieux chine décoré de médaillons à personnages en polychrome et or, composé de 19 pièces.

62. — Deux petites Aiguières en vieux chine, décor à fleurs.

63. — Couvercle de sucrier en vieux chine, famille verte.

64. — Six Tasses et Soucoupes en vieux chine, famille verte, décor à fleurs et oiseaux.

65. — Théière et petite Cafetière en vieux chine, décor à fleurs.

66. — Théière de Chine, décor personnages.

67. — Trois jolis Bols avec Soucoupes vieux chine, famille verte, décor à fleurs.

68. — Petit Bol vieux chine, famille verte, décor à fleurs.

69. — Deux Bols et Soucoupes en vieux chine, décor à fleurs.

70. — Deux Soucoupes et une Tasse en vieux chine, décor à fleurs.

71. — Quatre Soucoupes côtelées vieux chine, famille verte.

72. — Huit petits Bols en vieux chine, décors variés.

72 *bis*. — Neuf Tasses et six Soucoupes en blanc de chine, avec fleurs à relief.

72 *ter*. — Brûle-Parfum de chine, élevé sur trois pieds; le couvercle orné d'une chimère, décor vert et or, la panse, les anses et le couvercle décorés de dragons rouges.

PORCELAINES DU JAPON

73. — Six Plats en porcelaine du Japon, le fond orné de branchages et de fleurs et bordure décor bleu et or.

Sera divisé.

74. — Quatre Plats en porcelaine du Japon, décorés de fleurs bleu rouge et or.

75. — Deux Plats analogues plus grands.

76. — Plat en porcelaine du Japon, le fond décoré d'un vase avec des fleurs en bleu rouge et or.

77. — Plat du Japon, décoré de fleurs bleu rouge et or.

78. — Plat du Japon, décoré de paysages en bleu rouge et or.

79. — Plat du Japon, décoré de paysages et pagodes en bleu rouge et or.

80. — Plat du Japon, décor paysage avec cours d'eau bordure, branchages et fleurs sur fond bleu rouge et or.

81. — Trois plats du Japon, décor paysage avec pagodes et vase de fleurs bleu clair rouge et or.

82. — Plat d'entremets du Japon décoré de fleurs rouge et or, avec bordure de grecques bleues.

83. — Bol avec son assiette du Japon décoré de fleurs rouge, bleu et or.

84. — Bol avec son plateau en japon décoré de fleurs rouge, bleu clair, et or.

85. — Petit Bol du Japon, décoré de fleurs rouge, bleu et or, avec bord plat décoré de rinceaux en or et de fleurs rouge et or.

86. — Bol en japon, décoré de fleurs rouge, bleu et or à l'extérieur et à l'intérieur.

87. — Bol du Japon décoré de branchages, de fleurs et d'oiseaux multicolores.

88. — Beau Bol du Japon décoré d'éventails et de fleurs en polychrome.

89. — Bol du Japon, décoré au bord d'arabesques en or avec rayures fond bleu et blanc, et de médaillons en réserve à fleurs.

90. — Bol du Japon, décoré de vases de fleurs.

91. Grand Bol du Japon, décoré de fleurs et de balustrades bleu rouge et or.

92. — Deux Compotiers décorés, le centre de figures et le bord de fleurs bleu, rouge et or.

93. — Deux Compotiers du Japon, décorés de fleurs bleu, rouge et or.

94. — Compotier, le fond décoré d'une rosace bleu et rouge encadrée de filets bleus.

95. — Deux grands Plat, le fond décoré de fleurs et de feuillages bleu, rouge et or, le bord divisé en compartiments réunis par des rosaces.

96. — Grand Plat, le fond décoré d'une rosace, le tour à fleurs, et feuillages en bleu, rouge et or.

97. — Deux Plats d'entremets, le fond décoré de branchages fleurs et feuillages et le bord de poissons et de fleurs bleu, rouge et or.

98. — Quatre Plats d'entremets, décorés de paysages avec cours d'eau, bleu, rouge et or.

99. — Assiette du Japon, le fond décoré d'un vase avec fleurs, le bord d'éventails et de fleurs bleu, rouge et or.

100. — Trente-trois Assiettes du Japon, décorées de fleurs et d'un pont bleu, rouge et or.

101. — Vingt et une Assiettes du Japon, décorées d'arbres et de fleurs bleu, rouge et or.

102. — Cinq Assiettes du Japon, décorées de fleurs bleu, rouge et or.

103. — Quatre Assiettes, décorées de volatiles, de rochers, arbres et de fleurs bleu, rouge et or.

104. — Six Assiettes du Japon, le fond décoré de cinq médaillons ornés de vases et de fleurs bleu, rouge et or.

105. — Trois Assiettes décorées d'animaux fantastiques, branchages à fleurs et cours d'eau bleu, rouge et or.

106. — Quatre Assiettes à bords festonnés, décorées d'arbres, fleurs et volatiles bleu, rouge et or, le marli orné d'une bordure bleue.

107. — Cinq Assiettes de décors divers bleu, rouge et or.

108. — Jolie Assiette, le fond orné d'un médaillon rond, à branchages et fleurs, le bord et le marli divisés en six compartiments à contours avec filets d'or et orné de fleurs en bleu, rouge et or.

109. — Quinze Tasses à chocolat, droites avec leurs Soucoupes décorées de fleurs et de balustrades bleu, rouge et or.

110. — Cafetière avec son Couvercle décorée de fleurs et d'arabesques bleu, rouge et or.

111. — Sept Tasses hautes à café avec leurs Soucoupes, décor, branchages et fleurs bleu et or.

112. — Quatre Soucoupes à bords festonnés, ornées de fleurs rouge et or.

113. — Deux Tasses et quatre Soucoupes, décors divers bleu, rouge et or.

114. — Figurine en poterie de Satzuma, très belle qualité, le costume à riche décor.

115. — Saucière en porcelaine de Chine.

116. — Sucrier en porcelaine de Chine.

117. — Petite Figurine en ivoire, finement travaillé.

118. — Vierge en ivoire, richement sculpté.

119. — Petite Statuette en buis, finement sculpté.

120. — Poudrière en ivoire gravé.

121. — Petite Statuette en bronze vert, représentant un empereur romain.

122. — Deux petites Statuettes en bronze vert.

123. — Aiguière en argent, style Louis XVI.

124. — Timbale en argent niellé.

125. — Deux Paons sur pied en argent.

126. — Paire de petits Flambeaux en argent, style Louis XIV.

127. — Paire de Flambeaux en argent, Louis XV.

128. — Deux Salières forme coquilles sur pieds formés par des dauphins en argent, époque Louis XV.

129. — Porte-Carton en argent gravé.

130. — Tabatière rectangulaire en argent doré à fleurs et oiseaux en relief.

131. — Tabatière ovale en argent, à fleurs.

132. — Tabatière ovale en argent, décorée de scènes en relief.

133. — Boîte en émail vénitien.

134. — Deux Pendants d'Oreilles et Broche en or.

135. — Deux Épingles en argent doré.

136. — Petit Flacon en émail vénitien.

137. — Boîte en laque incrustée de nacre.

138. — Deux petits Chaudrons à anses en argent repoussé.

139. — Boîte en émail bleu de Saxe décoré de médaillons à fleurs.

140. — Boîte en émail bleu et blanc de Saxe décoré de paysages.

141. — Boîte en émail de Saxe décoré de médaillons d'oiseaux.

142. — Boîte en émail de Saxe avec décors de paysages et personnages.

143. — Boîte longue en galuchat.

144. — Petit Flacon en argent travaillé à jour, époque Renaissance.

145. — Nécessaire en galuchat.

146. — Boîte ronde avec miniature; intérieur en écaille.

147. — Nécessaire en nacre, monture or.

148. — Médaillon double face orné de deux peintures.

149. — Bas-Relief en argent, rehaussé d'un cadre bois doré.

150. — Deux Boutons d'oreilles pavés en brillants, monture or.

TABLEAU

ZIEM

151. — Barque mise à la mer; vue prise à Nice.

TAPISSERIES — ÉTOFFES

152. — Deux belles Tapisseries, sujets champêtres, d'après Watteau, avec leurs bordures.

H., 2m,70. L., 2m,60.

153. — Très belle Tapisserie de la Renaissance, sujet historique.

H., 3m,30. L., 4m,50.

154. — Jolie Tapisserie verdure avec bordure.

H., 2m,80. L., 4m,80.

155. — Tapisserie représentant un paysage et des animaux.

H., 2m,95. L., 3m.

156. — Tapisserie de la Renaissance. Hercule et l'hydre de Lerne.

H., 3m,30. L., 4m,25.

157. — Tapisserie du temps de Louis XIV, à personnages avec bordure.

H., 3m,40. L., 1m,75.

158. — Tapisserie au petit point, à fleurs et ornements.

H., 2^m,65. L., 1^m,45.

159. — Tapis fond vert brodé.

160. — Tapis fond bleu brodé or.

161. — Tapis brocart brodé.

162. — Morceau d'étoffe brodée; sujet religieux.

163. — Quatre Volants en guipure blanche.

164. — Couvre-Lit en guipure blanche.

165. — Coupon de guipure blanche frangée.

166. — Neuf Jupes en satin rouge.

167. — Coupon d'étoffe blanc.

168. — Chasuble fond rouge.

169. — Deux Dalmatiques, une Chasuble, étoffe à fleurs brodée.

170. — Deux Dalmatiques et une Chasuble avec Étoles, étoffe brodée.

171. — Deux Tapis en guipure blanche.

172. — Chasuble fond blanc à fleurs.

173. — Tapis fond bleu brodé or.

174. — Tapis fond vert brodé argent.

175. — Couvre-Lit en brocatelle verte.

176. — Couvre-Lit frangé fond bleu.

176 *bis*. — Deux Tapis brocart fond jaune.

177. — Trois Serviettes brodées.

178. — Tapis brodé au point.

179. — Couvre-Lit fond jaune à dessins rouges.

180. — Couvre-Lit en damas vert.

181. — Tapis en brocart.

182. — Deux Robes en soie à fleurs.

183. — Beau Devant d'autel brodé.

184. — Deux Portières fond rouge.

185. — Portière en brocatelle bleue.

186. — Volant en dentelle de Bruges.

187. — Deux Cols dentelle point de Venise.

188. — Deux Coupons dentelle.

189. — Objets non catalogués.

Paris. — Imp. A. Quantin, 7, rue Saint-Benoît. 668,

www.ingramcontent.com/pod-product-compliance
Ingram Content Group UK Ltd.
Pitfield, Milton Keynes, MK11 3LW, UK
UKHW020531180726
13839UKWH00005B/2451

9 782329 533346